LA GRANDE
CHANSON DES PÉLERINS

FAISANT LE VOYAGE

DE SAINT-JACQUES ET DE ROME

suivie

D'AUTRES CHANSONS SUR LE MÊME SUJET

ET DE PRIÈRES CHOISIES

A L'USAGE

Des Confréries de Pélerins.

CARCASSONNE,
IMPRIMERIE DE PIERRE POLÈRE,
15, rue du Séminaire.

1862

Quand nous fûmes au port de Blaye ,
    Près de Bordeaux ,
Nous entrâmes dedans la barque
    Pour passer l'eau ;
Il y a bien sept lieues de trajet
    Jusqu'à la ville ;
Nous portions tous le chapelet
    D'un cœur doux et tranquille.
      Nous prions , etc.

A Bordeaux nous nous promenâmes,
    Tous compagnons,
Et presque partout nous chantâmes
    Cette chanson.
La métropole Saint-André
    Est magnifique ;
Elle a un superbe clocher
    Et une tour antique.
      Nous prions , etc.

De Bordeaux nous fûmes par Castres
    Jusqu'à Langon ;
Nous portions tous nos calebasses
    Et le bourdon,
Afin de nous encourager
    Dans ce voyage
Et ne pas trop nous fatiguer
    Dans ce pélerinage.
      Nous prions , etc.

Nous passâmes dans une ville
    Nommée Bazas ,
Et fûmes à l'hôtellerie
    Étant fort las.
Et puis nous fûmes visiter
    La cathédrale,
En demandant la charité
    Sans aucun scandale.
      Nous prions, etc.

Nous continuâmes le voyage
    Vers les agraux,
Et sentîmes notre courage
    Chasser nos maux ;
Roquefort vîmes en passant,
    Petite ville,
Et fûmes à Mont-de-Marsan,
    Où nous eûmes asile.

    Nous prions, etc.

Les Barnabites nous donnèrent
    La charité ;
Ces pères nous encouragèrent
    Avec bonté.
Nous suivîmes notre chemin
    Avec constance,
Animés du soir au matin
    D'une vive espérance.

    Nous prions, etc.

Dès que nous fûmes dans les Landes,
    Bien fatigués,
Le sable nous brûlait les jambes
    De tout côtés ;
Compagnons, avançons chemin,
    Cette journée,
Profitons de l'air du matin,
    Du frais de la rosée.

    Nous prions, etc.

Étant arrivés à Bayonne,
    Loin du pays,
Nous changeâmes tous en doublons
    Nos beaux louis,
Devant d'abord nous engager
    Dans la Biscaye :
C'est un pays rude à passer,
    D'un différent langage.

    Nous prions, etc.

En pasant à Sainte-Marie,
  Hélas ! mon Dieu ;
Nous eûmes danger de la vie
  Dans tout ce lieu ;
Nous regrettâmes le pays
  De notre France ,
Où nous avions dans nos logis
  Une grande abondance.

  Nous prions, etc.

Quand nous fûmes à la montagne
  Saint-Adrien ,
Un reste de vin de Champagne
  Nous fit du bien ;
Nous avions souffert la chaleur
  Dans le voyage ;
Nous fortifiâmes notre cœur
  Pour ce pélerinage.

  Nous prions, etc.

Près de la ville de Victoire ,
  Ah ! quel bonheur,
De rappeler dans ma mémoire
  La bonne odeur,
Que nous donnaient le romarin
  Et la lavande ;
Depuis le soir jusqu'au matin
  Nous chantâmes louange.

  Nous prions, etc.

Arrivés à Saint-Dominique,
  Le coq chanta,
Nous l'entendîmes dans l'église,
  Nous étonna ;
On nous dit que le Pélerin,
  Par un miracle,
A ce signe ressuscita :
  Ce n'est pas une fable.

  Nous prions, etc.

A Burgos, grande et belle ville,
    Nous pèlerins,
Visitâmes la belle église
    Des Augustins.
Ces pères furent nous montrer
    Le grand miracle
De voir un crucifix suer :
    C'est chose véritable.

    Nous prions, etc.

Quand nous passâmes dans la ville
    Nommée Léon,
Nous chantâmes d'un air agile
    Cette chanson ;
Les dames sortaient des maisons
    Avec décence,
Pour voir chanter nos compagnons
    A la mode de France.

    Nous prions, etc.

Quand nous fûmes hors de la ville,
    Près de Saint-Marc,
Nous nous assîmes tous ensemble
    Près d'un grand parc ;
Nous aperçûmes un chemin
    Vers Compostelle,
Et l'autre vers Saint-Salvateur,
    Notre divin modèle.

    Nous prions, etc.

Quand nous fûmes au pont d'Esture,
    Bien fatigués,
Je sentis si grande froidure
    Que j'en tremblais ;
Pour aller à Saint-Salvateur
    Voir la relique,
Nous marchâmes avec vigueur
    Sur la route publique.

    Nous prions, etc.

Quand nous fûmes au pont qui tremble,
    Bien étonnés,
De nous voir une troupe ensemble
    Fort exposés,
Voyant les ondes de la mer
    Dans leur furie,
Dont le choc nous faisait trembler
    Et craindre pour la vie.
      Nous prions, etc.

Quand nous fûmes dans la Galice,
    A Rivedieux,
On nous marquait pour la milice
    Jeunes et vieux ;
Nous nous sauvâmes de ce lieu
    En diligence,
Et demandâmes tous à Dieu
    Sa divine assistance.
      Nous prions, etc.

Nous continuâmes le voyages
    Pour arriver,
Et sentîmes notre courage
    Se fortifier ;
Et nous passâmes à Montjoie,
    Près de Saint-Jacques,
Sans quitter un moment la voie
    Pour y arriver à Pâques.
      Nous prions, etc.

Enfin étant à Compostelle
    Fûmes contents ;
Nous courûmes tous avec zèle,
    Petits et grands,
Pour rendre notre hommage à Dieu
    Dans son saint temple ;
Afin d'accomplir notre vœu,
    Prenant de saints exemples.
      Nous prions, etc.

Nous vîmes la superbe église
    De ce saint lieu,
Nous invoquâmes l'entremise
    De notre Dieu ;
On y voyait des pélerins
    De toutes langues,
Et des pays les plus lointains
    Y chanter des louanges.
      Nous prions, etc.

Nous trouvâmes à la chapelle
    De saint Louis,
Un directeur rempli de zèle
    Et bien rassis ;
Nous confessâmes nos péchés
    D'un cœur sincère ;
Il nous dit qu'il était Français
    D'un très bon caractère.
      Nous prions, etc.

Nous fûmes à la sainte table
    Pleins de ferveur
Recevoir le corps adorable
    Du doux Sauveur ;
Nous y reçûmes les faveurs
    De Dieu lui-même,
Qui nous combla de ses douceurs
    Par sa bonté suprême.
      Nous prions, etc.

Divin Jésus, sauveur des hommes,
    Banquet sacré,
Nous vous offrons, tels que nous sommes,
    L'humilité ;
Vous nous ouvrez tous vos trésors
    D'un amour tendre,
Nous donnant votre divin corps
    Afin de nous défendre.
      Nous prions, etc.

Toute la troupe impatiente
  Par dévotion,
Courut pour prendre la patente
  De confession.
Nous voulions aller visiter
  Tant de merveilles,
Et nous devions le désirer,
  Elles sont sans pareilles.

  Nous prions, etc.

Nous vîmes le corps de saint Jacques
  Dessus l'autel,
Couvert d'une riche casaque
  Couleur de ciel;
Cet apôtre reçut nos vœux
  Et nos prières;
Nous obtînmes dans ces saints lieux
  Indulgences plénières.

  Nous prions, etc.

Neus vîmes beaucoup de reliques
  Dans le trésor,
Ornées d'un goût magnifique
  D'argent et d'or;
On nous y fit voir le bourdon
  Du grand saint Jacques,
Qui est suspendu d'un beau cordon
  Sur de très belles plaques.

  Nous prions, etc.

Enfin partis de Compostelle
  En dévotion,
L'esprit soumis, le cœur fidèle,
  De bonne union.
Nous prîmes tous le grand chemin
  Qui mène en France,
N'ayant pour nous aucun butin,
  Faisant peu de dépense.

  Nous prions, etc.

Nous ne sentîmes la misère
    Que faiblement ;
L'esprit de Dieu venait de faire
    Ce changement ;
Résignés à ses volontés,
    Les chemins rudes
Nous paraissant bien plus aisés
    Chassait nos inquiétudes.

    Nous prions, etc.

Nous ne chantâmes dans la route
    Que nos plaisirs,
Et cette joie venait sans doute
    Des saints désirs
Où nous étions de persister
    Dans la sagesse ;
Et nous nous sentions animés
    D'une sainte allégresse.

    Nous prions, etc.

Nous revîmes enfin Bayonne
    Le cœur content,
Plusieurs nous y firent l'aumône
    Très noblement ;
Nous fûmes voir en arrivant
    La cathédrale,
Qui passe pour un monument
    D'une figure ovale.

    Nous prions, etc.

Nous partîmes tous de Bayonne
    Aussi contents
Qu'un monarque assis sur son trône.
    En bonnes gens
Nous arrivâmes à Bordeaux,
    Où nous couchâmes ;
Et puis nous livrant sur les eaux
    Au port nous abordâmes.

    Nous prions, etc.

De Blaye fîmes diligence
Vers nos parents,
Qui nous croyaient pendant l'absence
Morts ou mourants ;
Ils nous connurent à l'instant
A nos casaques ;
Nous leur donnâmes largement
Des bijoux de saint Jacques.

Nous prions, etc.

FIN DE LA CHANSON.

De Dieu soit béni qui fera bien aux pauvres pèlerins.

CHANSON NOUVELLE

D'un Gentilhomme qui, après avoir fait le voyage de Saint-Jacques, se rendit capucin et distribua ses biens aux pauvres.

Sur l'air : *Réveillez-vous*, etc.

Et puisque le monde je quitte,
Pour vivre au ciel heureusement,
Il faut que mon Jésus je prie,
La Vierge et saint Jacques-le-Grand.

Vive Jésus ! vive Marie !
Prions le Sauveur maintenant
Qu'il nous fasse à tous la grâce
D'aller à Saint-Jacques le-Grand.

J'aime Jésus, j'aime Marie,
J'aime ces agréables noms ;
Je veux passer toute ma vie
A leur dire mes oraisons.

Je ne porterai d'autres armes
Sinon la croix de mon Sauveur,
Pour combattre à toutes alarmes
Le diable, ce malin trompeur.

Adieu mon père, adieu ma mère,
Adieu mes parents et amis,
Je vous quitte sans plus attendre,
Je vais à Saint-Jacques-le-Grand.

Adieu le bal, adieu la danse,
Adieu les festins et banquets,
Je vous quitte sans répugnance
Pour servir Jésus à jamais.

J'ai un grand feu dedans mon âme
De la part de mon Sauveur :
C'est le Saint-Esprit qui m'enflamme,
Je le veux servir de bon cœur.

Je prie la Vierge Marie
Et Jésus-Christ, son cher enfant,
Qu'ils nous fassent à tous la grâce
D'aller à Saint-Jacques-le-Grand.

Adieu les poudres, adieu bel ambre,
Le fard et toutes les senteurs,
Je vous quitte sans plus attendre,
De voir Saint-Jacques-le-Majeur.

Adieu gentilhomme de chambre,
Tous mes laquais semblablement,
Je vous quitte sans plus attendre,
Je vais à Saint-Jacques-le-Grand.

Adieu les princes et les dames,
Adieu les honneurs de la cour,
Car je m'en vais sans plus attendre
Dans un couvent finir mes jours.

Je donne toutes mes richesses
Aux pauvres tout présentement,
Afin qu'un jour avec liesse
Nous ayons part au firmament.

Nous prions la Vierge Marie
Et Jésus-Christ, son cher enfant,
Qu'ils nous fassent à tous la grâce
De voir Saint-Jacques-le-Grand.

AUTRE CHANSON
Des pèlerins de Saint-Jacques.

Sur l'air : *Ma calebasse m'accompagna.*

Quand nous partîmes de France
Nous dîmes adieu à nos femmes
Et à nos petits enfants ;
A Dieu je les recommande
Et à saint Jacques-le-Grand.

Nous prions la Vierge Marie
Et Jésus-Christ, son cher enfant,
Qu'ils nous fassent à tous la grâce
De voir Saint-Jacques-le-Grand.

Quand il nous fallut partir
Nous dîmes adieu à nos amis,
Tant aux petits comme aux grands ;
A Dieu je les recommande
Et à saint Jacques-le-Grand.
Nous prions, etc.

Quand nous fûmes dans la Saintonge,
Le plus beau pays du monde,
Mais il y a de méchantes gens ;
Ils s'en vont sur les passages
Pour nous voler notre argent.
Nous prions, etc.

Quand nous fûmes dans les Landes
Avions l'eau jusqu'à mi-jambe
Moi et tous mes compagnons,
Pour accomplir le voyage
De Saint-Jacques-le-Baron.
Nous prions, etc.

Quand nous fûmes à Bayonne
Changer fallut nos couronnes,
Nos louis, nos écus blancs,
C'est pour entrer en Biscaye,
Où l'on n'entend point les gens.
Nous prions, etc.

Quand nous fûmes à Sainte-Marie,
Adieu la France jolie
Et les nobles fleurs de lys;
Car je m'en vais en Espagne,
C'est un étrange pays.
    Nous prions, etc.

Quand nous fûmes à la montée
Saint-Adrien est appelée,
Il y a un hôpital fort plaisant,
Où les pèlerins qui passent
Ont pain et vin pour de l'argent.
    Nous prions, etc,

Entre Pampelune et Victoire,
Je me souviens de ma mie
Et aussi de mes parents;
A Dieu je les recommande
Et à saint Jacques-le-Grand.
    Nous prions, etc.

Quand nous fûmes à Saint-Dominique,
Vîmes le coq et la géline,
La-Justice et l'enfant,
Où tous les pèlerins qui passent
En ont le cœur très dolent.
    Nous prions, etc.

Quand nous partîmes de Léon
Avec mes bons compagnons
Trouvâmes deux chemins grands :
L'un à Saint-Salvateur mène,
L'autre à Saint-Jacques-le-Grand.
    Nous prions, etc.

Quand nous fûmes aux monts d'Esture,
Qui sont si froids et si rudes,
Ont fait plusieurs cœurs dolents,
Ont fait plusieurs femmes veuves,
Orphelins petits enfants.
    Nous prions, etc.

Quand nous fûmes au pont qui tremble,
Nous étions bien vingt ou trente,

Tant Français comme Allemands ;
Nous nous disions l'un à l'autre :
Compagnon marche devant.

Compagnon ne t'ébahis mie
Si j'ai mué mon semblant
En passant les monts d'Estures
Et les bois qui sont si grands.

    Nous prions, etc.

Quand nous fûmes à Sainte-Montjoie,
Mon cœur tressaillit de joie
De voir Saint-Jacques-le-Grand ;
Du vin de ma calebasse
Alors j'en bus d'autant.

    Nous prions, etc.

Quand nous fûmes à Malefente,
Mon compagnon tomba malade
Dont j'en ai le cœur très dolent ;
Du pain de ma malette
Lui en donnant le plus blanc,
Et du vin de ma calebasse
M'en vais le reconfortant.

Quand nous fûmes à la Ravelle
Mon compagnon fut mis en terre,
Dont j'en ai le cœur très dolent ;
J'ai cherché dans sa boursette,
Il n'y avait que six blancs.
C'est pour écrire une lettre
Pour porter à ses parents.

Ma calebasse m'accompagne,
Mon bourdon, mon compagnon,
La taverne me gouverne,
L'hôpital est ma maison.

    Nous prions, etc.

Quand nous fûmes à Saint-Jacques
Nous n'avions ni denier ni maille,
Ni moi ni mes compagnons ;

Je vendis ma calebasse,
Mon compagnon son bourdon,
Pour avoir du filotage
De saint Jacques-le-Baron.
Nous prions, etc.

HISTOIRE

Arrivée à Deux Pélerins.

Sur l'air : De la Boyse.

Au nom du Sauveur souverain,
Ecoutez de deux pélerins
L'entreprise et bon voyage ;
Ayant fait vœu dévotement
D'aller à Saint-Jacques-le-Grand
Se sont montrés prudents et sages.

Chastes pélerins français
Tous deux se promirent la foi
De vivre et mourir l'un pour l'autre,
Ni de ne jamais se quitter
Dans toutes les adversités
Qui viendraient à l'un, à l'autre.

Quand ils étaient sur le chemin,
L'entretien de ces pélerins
Était de paroles très-saintes.
Des vies des saints par amour
Ils s'entretenaient chaque jour :
Leurs âmes à Dieu étaient atteintes.

L'un dit qu'il avait des parents
Dessus le grand chemin passant,
Il supplia son camarade
De l'assister jusqu'au logis
De ses parents et amis
Qu'il lui ferait le semblable.

Ce pauvre pélerin honteux
N'ayant point connaissance d'eux
Fort humblement le remercie,

Son compagnon voyant cela
Le conduit d'un même pas
Dans une bonne hôtellerie.

Tout aussitôt qu'il fut entré
Doucement il a posé
Son bourdon derrière la porte,
Puis il demanda à souper
Afin d'aller se reposer
Ainsi que l'histoire rapporte.

Il avait quantité d'argent,
L'hôte du logis très-méchant,
Comme un perfide sanguinaire,
Sa femme étant avec lui,
Tout doucement, vers la minuit,
Les pèlerins ils égorgèrent.

Le lendemain de bon matin
Son camarade pour certain
Demanda en l'hôtellerie :
Mon camarade est-il parti ?
L'hôte répondit qu'oui,
Il est loin je le certifie.

Mais il aperçut le bourdon
Et le sac de son compagnon
Pareillement une gondole ;
Ce pèlerin en grand souci
Dit : mon camarade est ici,
Vos discours ne sont que frivoles.

Pour entretenir la raison,
Il les fit mettre en prison
Le maître et la maîtresse ;
La servante pour certain
Confessa à pur et à plein
Ayant le cœur plein de tristesse.

Ils furent d'abord condamnés
D'être pendus et étranglés
De faire amende honorable ;
La servante pour certain
En sortit à pur et à plein,
Du meurtre n'étant point coupable.

Ce pèlerin de Dieu aimé
Son camarade fit embaumer,
Et le fit mettre dans une bière.
Il le porta légèrement
Jusqu'à Saint-Jacques-le-Grand
D'une amour très-particulière.

Étant à Saint-Jacques arrivé,
Tout doucement il l'a posé
Et fit célébrer plusieurs messes;
En sortant de ce lieu sacré,
Une ombre le vint embrasser
Avec un amour et tendresse.

Une voix lui dit doucement :
Tu m'as retiré du tourment,
Mon camarade très-fidèle,
Tu as fait le voyage pour moi,
Moi j'en vais prier pour toi
Jésus en la gloire éternelle.

Nous prions Dieu dévotement
Et M. Saint Jacques-le-Grand
Qu'un jour avec les Archanges
Nous puissions chanter hautement :
Vive Jésus le Roi très-puissant,
Vive Jésus le roi des Anges.

Oraison à M. Saint Jacques.

O bienheureux apôtre saint Jacques, lumière et flambeau du monde, trompette divine, secrétaire de Jésus-Christ, témoin oculaire de ses plus grands miracles, dispensateur de ce monde, support des pèlerins, consolateur des affligés, consolateur des âmes chrétiennes, et vrai médiateur de tous les pèlerins du monde, nous vous supplions d'avoir pitié de nous, et de prier Dieu qu'il lui plaise nous préserver de peste, de guerre et famine, de péché mortel et de mort subite. Ainsi soit-il.

CHANSON DU VOYAGE DE ROME.

Même air de celui du Voyage à St-Jacques.

Quand nous partîmes de l'Isle en Flandre,
Notre pays,
Avons dit adieu d'un cœur tendre
A nos amis,
Disant c'est pour l'amour du Dieu
Qui s'est fait homme
Que nous allons voir les saints lieux
De Lorette et de Rome.

Priant Dieu qu'il nous accompagne,
Fûmes à Cambrai,
St-Quentin, Laon, Reims en Champagne,
Nous d'un cœur gai
Châlons, Vitry et Saint-Nisier,
Fûmes à Joinville
Et à Chaume en Bassiny,
A Langres la jolie.

Nous entrâmes dans la Bourgogne,
Droit à Dijon,
Nous vîmes l'hôpital St-Beaume,
Parfait et bon,
Nous nous mîmes, étant à Châlons,
Dessus la Saône,
Pour nous rendre droit à Lyon
Et y passer le Rhône.

Nous traversâmes la Savoie
Par Chambéry,
A Montmeillan prîmes la voie
Du Mont-Cenis,
D'aller à Turin tout de bon
Prîmes l'envie
De traverser tout le Piémont
Pour voir Alexandrie.

Dessus le chemin de Tortone
    En Milanais,
La passade n'y est pas bonne
    Pour les Français ;
Il nous fallait à chaque pas
    Faire connaître
Que nous étions du pays bas,
    En leur montrant nos lettres

Étant à Milan qu'on renomme,
    Fûmes passer,
Afin d'y honorer saint Charles
    De Borromée,
Nous entrâmes dans le Milanais
    Jusqu'à Plaisance,
A Parme nous allons tout droit
    Pour nous rendre à Modène.

Etant à Bologne la grasse
    L'on nous reçoit
Dedans l'hôpital de Saint-Blaise
    Et Saint-François,
Où tous les pèlerins pieux
    Et pèlerines
Vont voir le corps miraculeux
    De sainte Catherine.

Depuis Bologne jusqu'à Lorette
    Il y fait bon
Pourvu qu'on ait dans sa pochette
    Quelques testons.
Les italiens nous disent tous :
    Endate en pace,
Il faudrait bien de ces mots-là
    Pour remplir nos besaces.

Si vous passez par Ancône
    Gardez-vous bien
D'y engager votre parole
    Aux vénitiens,
Les vénitiens vous mèneront
    Dedans leur île,
Alors vous pourrez dire adieu
    A la France jolie.

Il me semble que mon cœur vole,
    Rempli de joie,
De voir le saint christ de Cirole
    Sur une croix,
Qui est cloué à quatre clous
    Dans la figure
Il a été ainsi crucifié
    Pour toute la nature.

Dans ce lieu le plus saint du monde
    Il n'y a pas
Une île plus grande et profonde,
    Galant soldat,
Le mal qu'on a en ce chemin,
    Peines et ennuis,
Je ne crois qu'aucun pèlerin
    Pleure et se réjouisse.

De là nous prenons la carrière
    De Tolentin
Pour y faire notre prière
    Aux augustins.
Du bienheureux saint Nicolas
    Où il repose
Beaucoup de reliques avons vu
    Et plusieurs autres choses.

Partant de cette sainte église,
    Nous sommes allés
Tout droit à Saint-François-d'Assise
    Pour l'honorer,
La sainte chapelle nous avons vue
    Où Dieu lui-même
Lui accorda ce grand pardon
    Par sa bonté suprême.

Partant de Notre-Dame-des-Anges
    Nous en allons
En chantant de Dieu les louanges,
    A Montefiascone,
Et nous y avons vu partout
    Choses précieuses;
Le corps entier on nous montra
    De sainte Claire glorieuse.

A Viterbe plusieurs choses
Parfaitement
L'on voit le corps de sainte Rose
Entièrement;
Nous la supplions d'affection,
En son église,
Qu'elle obtienne la rémission
De nos fautes commises.

Vîmes les cachots dans la terre
Et bien profonds
Où saint Paul avec saint Pierre
Furent en prison;
De là nous fûmes visiter
La sainte colonne
Où Jésus-Christ fut flagellé
Pour les péchés des hommes.

La confession est achevée
Nous l'espérons
Les sept églises visitées
Pour le pardon.
Nous montâmes à deux genoux
L'échelle sainte
Où notre doux Sauveur Jésus
Monta pour nous sans crainte.

Nous vîmes dans Saint-Paul ensuite
Le crucifix
Qui parla à sainte Brigitte
Sa bonne amie;
L'on voit partout dans ces lieux saints
Tant de reliques,
Ce qui rend contents et joyeux
Les fidèles catholiques.

Avant que de sortir de Rome
Nous faut tâcher
D'aller à la table du Pape
Pour y dîner,
Avons été servis et traités
Par des évêques,
La médaille nous ont donné
Bénite du Saint-Père.

HYMNÉ

PER LÉ JOUR
de l'Assoumptiou dé la Santo Bierjo.

Dins aquesté grand jour troupo celesté,
Dé la maïré de Dioùs canten la festo
Morto d'un sant amour béï és anado
Dins le Cel ount soun fil l'a coùrounado.

Bierjo en bostro fabou qué dé largesses,
Lé Cel respen sur bous millo richesses ;
L'abex bestit dé car, béï en mémorio
Bous douno per bestil sa propro glorio.

Sa grandou qu'atchi bas ténio catchado
Béï dins tout soun esclat bous és moustra-lo
L'abex nourrit de laït, ô Bierjo puro !
Et béï se donno à bous en nourrituro.

Qu'és grand bostré poudé, bostro puissenso,
Bous ex alprés de Dious nostro assistenso ;
Plaçado al naout d'al Cel bôstro persouno,
Al dessus n'a digus qué Dious qué trouno.

Seïto protché dé Dioùs, réyno das Anjos.
Récébez nostrés bus, nostros louanjos,
Intercédax per nous ; ô Maïré tillo !
Sabex qué toutis sion bostro famillo.

Aquos amé bounur et allégresso
Qué bésen arriba aquesto festo ;
La beillo d'aquel jour toutis ensemblé
Nous pressan dé béni dins bostré templé.

Grando reyno d'al cel et de la terro
Bénen bous adressa nostro priéro,
Dins aquesté sant loc, qu'un sant usatgé
Nous attiro à bous en pélérinatgé.

Dégnats doune agréa nostrés houmatgés
Que bous ouffrissen béï amé les satgés ;
Accourdax-nous toujours bostro assistenso,
Countro lé démoun siogax nostro défenso.

Surtout Maïré dé dious pléno de gracio,
Bénex noús assista dé bostro gracio,
A l'houro de la mort, et qué nostro àmo
S'enbolo dins lé cel, ò Nostro-Damo.

Randen glorio toujour à Dious lo Païré,
Qué sus terro à soun Fil douno uno Maïré;
Al Païré émaï al Fil glorio és dégudo,
Esprit-Sant qu'archi-bas l'abex randudo.

HYMNE
En l'honneur de l'Immaculée Conception
DE LA BIENHEUREUSE VIERGE MARIE.

Nous vous louons, ô Marie, nous vous saluons, Immaculée !

Refuge des pécheurs, les coupables vous implorent comme leur espérance,

Tous les chrétiens et les corps religieux,

Toutes les confréries érigées en l'honneur de votre Immaculée Conception vous proclament :

Immaculée,

Immaculée,

Immaculée, ô Vierge, Mère de Dieu !

Aurore du soleil de justice, toutes les créatures ressentent l'impression de votre douce chaleur.

Les Anges vous saluent fille bien-aimée du Père.

L'enfer frémissant vous confesse, mère admirable du Verbe.

Le purgatoire vous invoque comme l'épouse chérie du Saint-Esprit.

Tous les enfants de l'Eglise vous honorent

Comme mère de l'infinie miséricorde !

Fille unique et chérie de Sainte-Anne,

Bien-aimée du Seigneur,.... Epouse de saint Joseph.

O Marie, vous êtes la voie du pardon et la mère de la grâce par excellence.

C'est dans votre sein que s'est opéré le mystère de la rédemption des hommes;

Et, par votre consentement aux paroles de l'Ange, vous avez donné la joie au monde.

O Reine, vous siégez, pleine de grâce, à la droite de Dieu

Pour être notre médiatrice auprès de lui :

Daignez donc nous venir en aide, à nous qui honorons particulièrement votre Immaculée Conception ;

Obtenez-nous de partager le bonheur éternel des Anges,

Protégez vos enfants et gardez votre petit troupeau :

Favorisez-le de vos grâces les plus précieuses, afin qu'il soit fécond en œuvres de salut.

Nous nous réunissons aux jours de vos fêtes pour vous bénir ;

Et nous célébrons le nom de Marie comme aimable par-dessus tous les noms.

Daignez, ô Vierge sainte, par votre Immaculée Conception, nous préserver du péché.

Montrez à votre fils, en faveur de vos serviteurs, le sein qui l'a nourri,

Afin que ce fils unique montre à son père céleste ses plaies et son côté ouvert ;

Il n'y aura point de refus devant de telles marques d'amour !.....

O Marie, que tous les esprits, tous les cœurs, toutes les bouches s'unissent pour célébrer le privilége de votre Immaculée Conception. AINSI-SOIT-IL.

ꝟ. Vous êtes toute belle, ma bien-aimée,

ꝶ. Et la tache originelle ne fut jamais en vous.

PRIONS.

O Dieu, qui, par l'Immaculée Conception de la Vierge Marie, avez préparé à votre fils une demeure digne de lui, accordez à tous ceux qui célébreront cette grande fête la prospérité et la paix en cette vie, et la félicité et la gloire éternelle après leur mort, par N.-S. J.-C., etc.

Loué et adoré soit incessamment le Très-Saint Sacrement, et bénies soient la Pureté et l'Immaculée Conception de la Bienheureuse Vierge Marie ! AMEN.

(100 jours d'indulgence. Pie VI, 21 novembre 1793).

LA CLEF DU PARADIS

ET LE CHEMIN DU CIEL,

Avec les révélations faites par la bouche de Jésus-Christ à sainte Elisabeth, sainte Brigitte et sainte Melchide, qui avaient désiré savoir le nombre de coups qu'il avait reçus en sa passion.

———

Notre Sauveur et Rédempteur Jésus-Christ ayant écouté les prières de ces saintes âmes, il leur apparut et leur dit :

Considérez, mes sœurs, que j'ai versé pour vous soixante-deux mille deux cents larmes, et des gouttes de sang dans le Jardin des Olives, quatre-vingt-dix-sept mille trois cent sept ; j'ai reçu sur mon sacré corps mille six cent soixante-sept coups ; des soufflets sur mes délicates joues, cent dix ; des coups au cou, cent vingt ; sur le dos, trois cent quatre-vingts ; sur ma poitrine, quarante-trois ; sur la tête, quatre-vingt-cinq ; aux flancs, trente-huit ; sur les épaules, soixante-deux ; sur les bras, quarante ; aux cuisses et jambes, trente-deux. Ils m'ont frappé à la bouche, trente fois ; on m'a jeté sur ma précieuse face de vilains et infâmes crachats, trente-deux fois ; on m'a traité à coups de pieds comme un séditieux, trois cent soixante-dix fois ; on m'a poussé et rénversé par terre, treize fois ; on m'a tiré par les cheveux, trente fois ; on m'a arraché et traîné par la barbe, trente-huit fois ; au couronnement d'épines on m'a fait à la tête trois cent trois trous. J'ai gémi et soupiré pour votre salut et conversion, neuf cents fois ; des tourments capables de faire mourir, j'en ai souffert cent soixante-deux ; d'extrêmes agonies, comme si j'eusse été mort, dix-neuf fois ; du Prétoire jusqu'au Calvoire, portant ma Croix, j'ai fait trois cent vingt-un pas.

Pour tout cela je n'ai reçu qu'un acte de charité par sainte Véronique, qui a essuyé mon visage d'un mouchoir où ma face est demeurée empreinte de mon sang précieux.

Ceux qui réciteront la Clef du Paradis pendant quarante jours, ou qui, ne sachant pas lire, diront cinq *Pater* et cinq *Ave*, je leur donnerai cinq grâces de ma Passion.

La première, indulgence plénière et rémission de tous leurs péchés;

La seconde, je les ferai exempts des peines du purgatoire;

La troisième, mourant auparavant que le temps soit fini, je leur concède comme s'ils avaient accompli tout le temps;

La quatrième, je leur concède comme si c'était un martyr qui eût répandu son sang pour la foi;

La cinquième, je viendrai du ciel en terre recevoir les âmes de leurs parents jusqu'au quatrième degré, lesquelles seront aux peines du purgatoire, et les ferai jouir de la gloire du paradis.

Oraison à la Sainte-Vierge.

Ceux qui réciteront l'Oraison suivante pendant trente jours obtiendront de la Sainte-Vierge toutes les demandes licites qu'ils lui adresseront, surtout lorsque ces demandes seront accompagnées d'une ferme confiance et d'une ardente dévotion pour le saint nom de Marie. L'expérience a déjà prouvé que bien des personnes ont été exaucées après avoir récité cette belle oraison :

Sainte Marie, Vierge des Vierge, Mère de grâce, espoir de tous les désespérés, par ce glaive de douleur qui traversa votre âme lorsque votre Fils unique Jésus-Christ Notre-Seigneur endurait le supplice de la mort sur la Croix ; et par cette affection filiale qui le fit compâtir à votre douleur maternelle, lui fit avoir soin de vous recommander à son bien-aimé disciple saint Jean, héritier du parfait amour qu'il vous portait ; je vous prie de porter compassion et tout ensemble d'apporter remède à l'angoisse, à l'affliction, à l'infirmité, à la pauvreté et à quelque sorte de nécessité que je me trouve. O refuge assuré des misérables ; douce consolation des affligés, mère de miséricorde, pitoyable consolatrice des désolés et très prompte libératrice des orphelins dans toutes leurs nécessités, écoutez mes prières, voyez les larmes de ma solitude et de ma misère, et parce que je me vois accablé de maux et d'angoisses à cause de mes péchés, je ne sais à qui recourir, sinon à vous, ma chère dame, très douce Vierge Marie, mère de Notre-Seigneur Jésus-Christ, à qui vous êtes conforme et semblable, particulièrement par votre humilité. Je vous supplie donc de prêter l'oreille de votre bonté ordinaire et de votre miséricorde accoutumée à mes prières, et je vous en prie, par la douleur qu'il ressentit au temps de son alliance avec la nature humaine, délibérant conjointement avec le Père et le Saint-Esprit de prendre notre chair mortelle pour notre salut, et ensuite, ô bienheureuse Vierge, l'ange vous portant la nouvelle et le Saint-Esprit vous faisant ombre, il se couvrit de notre mortalité et demeura neuf mois dans vos sacrés flancs ; puis, ce temps expiré, il daigna bien visiter le monde.

Par l'angoisse que votre même fils eut en son cœur lorsqu'il pria son père éternel sur le Mont-des-Olives que, s'il ne pouvait faire, il fut délivré du calice de la passion, par cette triple oraison, comme aussi par votre triste démarche, quand vous le suivîtes en pleurant, sans l'abandonner jamais en tout le spectacle de sa passion et de sa mort.

Par les opprobres, les outrages ; par les crachats, les soufflets, les moqueries, les faux témoignages et le jugement injuste qui fut donné contre lui ; par ces liens et ces coups de verge ; par les larmes qu'il versa trois fois, par les gouttes de sa sueur de sang ; par sa patience et son silence ; par sa crainte, son ennui et la tristesse de son cœur ; par la honte qu'il eût, se voyant tout nu, élevé en croix en votre présence ; ô pitoyable Vierge, et celle de tout le peuple.

Par son chef royal, par son sang divin, par son roseau brisé, par sa couronne d'épines, par sa soif ; par le dégoût qu'il eut du vinaigre détrempé de fiel, par la lance qui lui perça son sacré côté, par le sang et l'eau qui découlèrent de ses plaies et nous furent de vives sources de grâces et de miséricordes, par les clous dont ses mains et ses pieds furent percés, par la recommandation qu'il fit de sa chère âme à son père, par son très doux esprit qu'il rendit, criant hautement : Mon Dieu, mon Dieu, pourquoi m'avez-vous abandonné ! et baissant la tête, il dit : Tout est consommé !

Par la rupture du temple et des pierres, par l'éclipse du soleil et de la lune, par le tremblement de terre, par sa passion et par sa croix, par sa descente aux limbes, la joie qu'il communiqua en sa visite à toutes les âmes justes, par l'honneur et la gloire de sa triomphante résurrection , par les apparitions qu'il fit l'espace de quarante jours, à vous, Sainte-Vierge, aux apôtres et aux autres âmes d'élite.

Par sa glorieuse ascension, en laquelle, à votre vue et à celle de tous les apôtres, il fut élevé dans le ciel ; par la grâce du Saint-Esprit consolateur qu'il répandit dans le cœur de ses disciples en forme de langues de feu et que par eux-mêmes il fit porter en tous les endroits de la terre.

Par le terrible jour du jugement, auquel il doit venir juger les vivants et les morts et tout le monde par le feu.

Par toute la compassion que vous eûtes de lui en ce monde ; par la douceur de ses baisers ; par la joie ineffable de votre assomption, jour auquel vous fûtes ravie au ciel, où vous êtes comblée de joies et de délices éternelles.

Je vous prie de rendre mon cœur participant maintenant, d'écouter ma prière et de m'accorder ce que je vous demande avec toute l'humilité et la dévotion qu'il m'est possible.

(On peut ici faire la demande que l'on désire.)

Et comme je sais très bien que votre fils vous honore tant qu'il ne peut rien vous refuser, faites, ô chère mère, que je ressente promptement, pleinement et efficacement le secours de votre consolation, selon la volonté de votre très doux fils, qui fait la volonté de ceux qui le craignent et qui se plaisent en lui ; selon la prière et le désir de leur cœur et selon la nécessité où je me trouve en plusieurs choses et principalement en celle-ci , en laquelle j'invoque la vertu de son secours ; afin qu'il vous plaise m'obtenir de votre aimable fils : une espérance , une parfaite charité dans la foi catholique ; une vraie contrition de cœur ; une sincère et parfaite confession ; une diligente veille sur moi pour l'avenir ; un grand mépris du monde ; un vrai amour de mon Dieu et de mon prochain ; une imitation des douleurs de votre cher fils et la mort même ; un parfait accomplissement de mes vœux ; la persévérance aux bonnes mœurs ; la mortification de ma propre volonté ; une conversion qui vous agrée ; un heureux trépas ; un vrai repentir à la fin de ma vie, avec un bon sens ; une parole libre et un sain jugement ; enfin la vie éternelle en la compagnie des âmes de mes parents , de mes amis , de mes frères , de mes sœurs, et de tous mes bienfaiteurs ; tant vivants que trépassés. Ainsi soit-il.

ORAISONS AU SAINT SÉPULCRE DE JÉSUS-CHRIST
En l'honneur de Dieu et pour le salut de mon âme.

Jésus-Christ, fils du Dieu vivant, aidez-moi, Sauveur du monde, sauvez-moi ; Vierge sainte, priez pour moi votre cher fils bien-aimé ; Reine des Anges, joie des bienheureux, aidez-moi à l'heure de ma mort où mon âme sortira de mon corps. Priez pour moi votre cher fils afin qu'il daigne me pardonner mes péchés. AINSI SOIT-IL,

Cette oraison a été trouvée au Saint-Sépulcre de Jésus-Christ ; quiconque la portera sur soi sera protégé par la Sainte Vierge contre tous les dangers. Toutes les personnes qui porteront cette oraison sur elles seront bénis de Dieu.

ORAISON.

O Marie, Vierge sainte, Mère de Dieu, pleine de grâce, consolatrice des pécheurs ; Reine des Anges, je vous recommande mon âme à l'heure de ma mort, pour obtenir de votre cher fils le pardon de mes péchés. AINSI SOIT-IL.

Cette lettre a été trouvée, en 1810, au Saint Sépulcre de Jésus-Christ, par un prêtre, après avoir dit la sainte Messe, et enveloppée dans un linge, chose merveilleuse et étonnante ! Il fut grandement surpris lorsqu'il vit l'explication de cette lettre : quiconque la portera sur soi ne sera pas condamné injustement et ne mourra point sans confession ; et si une personne était possédée du démon mettez-lui cette oraison sur elle et, à l'instant, elle sera délivrée. Tous ceux qui la porteront sur eux peuvent être bien sûrs des secours de la mère de Dieu.

ORAISON.

Jésus, Marie, Joseph, aidez-moi, Reine des apôtres, mère de Notre-Seigneur Jésus-Christ, des prophètes et des patriarches, reine des Anges, consolatrice des pécheurs, fontaine de miséricorde, aidez-moi à l'heure de ma mort afin que je puisse jouir de la vie éternelle. AINSI SOIT-IL.

Cette lettre a été trouvée à Jérusalem, miraculeusement, le jour de Pâques, en lettres d'or, dans un linge, en un signe de croix, par un orphelin, âgé de sept ans, qui n'avait jamais parlé et qui s'exprima en ces termes :

« Je vous avertis que je vous ai donné six jours de la semaine pour travailler et le septième pour se reposer. Assistez aux offices, soulagez les affligés : Si vous suivez cette règle, vos enfants seront comblés de bénédictions.

« Si, au contraire, vous ne croyez point ce que contient cette lettre, Jésus fermera les yeux sur votre sort et la bénédiction de Dieu ne viendra vers vous que lorsque vous serez convertis. Vous jeûnerez cinq vendredis et vous direz cinq *Pater* et cinq *Ave*, en mémoire de la Passion endurée par Jésus sur l'arbre de la Croix pour votre salut. Vous porterez cette lettre sur vous, en l'honneur de Jésus-Christ, en humilité et dévotion, en la donnant à tous ceux qui désireront la porter. Enfin, tous ceux et celles qui la tiendront dans leur maison sans la publier n'auront point l'indulgence, au lieu qu'en la publiant et en en donnant copie à ceux qui la demanderont ils seront bénis de Dieu, et si, par malheur, vous êtes pour succomber à la tentation, lisez cet écrit, vos péchés vous seront pardonnés, étant bien repentant d'avoir offensé Dieu et en se bien confessant.

« Tous ceux et celles qui la garderont dans leur maison le malin esprit ne les surprendra point, ni le feu, ni la tempête ne les toucheront point, et lorsqu'une femme sera en mal d'enfant mettez-lui cette lettre sur elle, avec dévotion, elle sera délivrée, chose véritable éprouvé par la dite lettre. Jésus, Marie, Joseph, ayez pitié de moi.

« Que personne ne doute de la vérité de cette lettre sinon ils seront maudits et indignes de ma grâce, et ceux qui la croiront seront bénis. AINSI SOIT-IL.

ORAISON.

« Regardez-moi, ô mon bien-aimé et bon Jésus, prosterné en votre sainte présence, je vous prie, avec la plus grande ferveur, d'imprimer dans mon cœur les sentiments de foi, d'espérance et de charité, ainsi qu'une grande douleur de mes péchés et un ferme propos de ne plus jamais vous offenser, tandis que moi, avec tout l'amour dont je suis capable, je vais, considérant vos cinq plaies, dire ce que disait le saint prophète David :

« Ils ont percé mes mains et mes pieds et l'on peut « compter tous mes os. »

Toutes les fois que, devant un crucifix, on dira dévotement cette oraison, on obtiendra l'indulgence plénière, et l'on délivrera une âme du Purgatoire. — Clément VIII l'accorda et Benoît XIV la confirma.

FIN.